SOUVENIR

DE

MARIE - JOSEPH - LOUIS

HERRGOTT

Eleve du Pensionnat St Joseph

à BEAUREGARD (Thionville)

DÉCÉDÉ DANS SA FAMILLE

le 7 décembre 1867

METZ

IMPRIMERIE & LITHOGRAPHIE NOUVIAN

1868

SOUVENIR

DE

MARIE-JOSEPH-LOUIS

HERRGOTT

ÉLÈVE DU PENSIONNAT SAINT-JOSEPH

à BEAUREGARD (Thionville),

DÉCÉDÉ DANS SA FAMILLE

Le 5 Décembre 1867.

METZ

TYPOGRAPHIE ET LITHOGRAPHIE DE NOUVIAN

au bas de la rue Tête-d'Or.

—

1868

PROLOGUE.

La naissance d'un enfant est un événement qui a toujours le privilége d'apporter.la joie dans une famille chrétienne : le père et la mère aiment à reposer sur lui un regard de complaisance et de tendresse. Ils forment, dès ses premiers ans, de magnifiques projets dont la réalisation, hélas! est soumise à bien des conditions! Ils le voient grandir sous leurs yeux, et, avec une sollicitude mêlée d'inquiétudes vagues et de douces espérances, ils assistent à son développement intellectuel et moral. Ils tremblent parfois pour sa vertu; mais aussi ils comptent toujours sur l'action douce et forte de l'éducation par la religion.

Il semble que Dieu doive prêter une oreille attentive aux prières de ce père et de cette mère qui le conjurent de veiller sur les jours de leur enfant, tout en le comblant des faveurs spirituelles les plus précieuses. Cependant, il a ses vues : mieux qu'un père, mieux même qu'une mère, il sait ce qui doit tourner au plus grand bien de sa créature. Et si, dans certains cas, il paraît être sourd à d'ardentes et pieuses supplications, on ne doit point oublier que sa main, alors même qu'elle frappe, prend conseil de son cœur.

Qui sait?... Cet enfant si richement doué peut-être, ne trouverait-il pas, dans ce qui le recommande le plus à l'affection de ses parents, un écueil capable de devenir pour lui la triste occasion d'un funeste naufrage? Et si Dieu, dans un dessein de bonté et de miséricorde, juge à propos d'arracher ce lis d'une blancheur éclatante, pour le transplanter dans le céleste Jardin avant qu'un souffle desséchant soit venu le flétrir, qui oserait élever une plainte? Ne vaut-il pas mieux s'incliner, adorer les décrets de la Providence, et la bénir au milieu même de l'affliction? C'est ce que firent les parents de Marie-Joseph-Louis Herrgott, décédé le 5 décembre 1867, et dont nous allons esquisser la vie.

Ah! sans doute, nos expressions seront toujours bien au-dessous de la réalité (qui pourrait dire les merveilles opérées par la grâce dans un cœur encore si sensible aux touches divines?); mais nous avons la ferme confiance que sa famille trouvera dans ce récit quelque adoucissement à sa douleur, et que les chrétiens de tous les âges qui le liront admireront avec nous des sentiments et des actes empreints de tant de foi et de tant de charité, qu'ils peuvent servir de leçon aux parfaits eux-mêmes.

F. A***

BEAUREGARD, 1868.

SOUVENIR

DE

MARIE-JOSEPH-LOUIS

HERRGOTT

J'étais un enfant bien né, et j'avais
reçu de Dieu une bonne âme.
(SAG. VIII, 19.)

I.

MARIE-JOSEPH-LOUIS HERRGOTT naquit à Villerupt (Moselle), le 20 février 1857. Dès sa plus tendre enfance, il fut environné des soins les plus propres à éveiller en lui les pieuses pensées, les saintes aspirations, et il répondit merveilleusement aux vues de sa famille. Il avait à peine un an, il ne pouvait encore articuler aucune parole, et cependant, voyant ses parents s'agenouiller devant le crucifix, il semblait déjà comprendre que c'était là un objet de vénération ; il tendait vers lui ses petites mains, comme pour s'unir à la prière commune, puis il le baisait affectueusement. On se ferait difficilement une idée de l'impression que paraissait produire sur son âme sensible, l'image de Jésus crucifié. Partout il reconnaissait le signe de notre rédemption : dans un tableau, dans un calvaire, sur le clocher d'une église ; et, de loin, il lui envoyait un baiser. Ces hommages rendus à la croix furent comme les prémices de sa foi, et c'est en collant ses lèvres à la croix qu'il a rendu le dernier soupir...

Aussitôt que Louis put marcher, on le conduisit à l'église; il paraissait y éprouver un bonheur indéfinissable. Cet enfant d'un naturel si vif, si turbulent, étonnait tout le monde par la gravité de son maintien, son air sérieux, et l'attention avec laquelle il suivait les cérémonies du culte divin, qu'il reproduisait ensuite dans ses jeux. Que l'on ne se figure pas, toutefois, que tout cela ait été pour lui un pur sujet de distraction et d'amusement; non, il cherchait à se rendre compte de ce qu'il voyait; il interrogeait ses parents sur le sens des cérémonies religieuses, et il écoutait avec un intérêt marqué les explications qui lui étaient données.

Les vérités de notre sainte religion paraissaient le toucher vivement. Il ne se lassait pas d'entendre parler de Dieu, de ses bienfaits, de sa miséricorde, de son amour, de ses grandeurs dans le ciel, de ses souffrances sur la terre. Son âme en était pénétrée d'admiration et de reconnaissance; son cœur se dilatait, sous l'influence de ces doux sentiments, comme s'épanouit la rose aux ardeurs d'un soleil de printemps. Si nous ne craignions d'être taxé d'exagération, nous croirions pouvoir dire que déjà il avait la passion de Dieu.

A l'âge d'environ trois ans, il avait assisté pour la première fois à la solennité de la première communion. Ayant entendu ces paroles que le prêtre adressait aux communiants : « Mes enfants, vous allez recevoir le Pain des Anges..., » il dit à sa mère, avec une aimable ingénuité : « *Maman, je voudrais bien aussi du pain des anges !* » Ce désir si naïvement exprimé par le petit enfant devait se réaliser plus tard dans des circonstances bien douloureuses pour la famille, ainsi que nous le dirons plus loin.

Lorsque vint pour lui le moment de faire pour la première fois l'aveu de ses fautes au prêtre, Il s'y prépara longtemps d'avance avec un soin minutieux. Chaque soir, aidé par sa tante[1], il faisait son examen de conscience. Il était beau alors de candeur, de confiance et d'abandon. Il ne cherchait point de palliatifs, et les fautes les plus légères étaient pour lui un sujet de honte, de regret sincère.

De bonne heure, il avait témoigné le désir d'être admis au nombre des enfants de chœur : « *Quand donc serai-je assez grand pour servir la messe ?* » disait-il souvent. Il fallut lui apprendre les répons. Malgré la difficulté qu'il éprouvait à bien prononcer le latin et à le retenir, il y mit tant de persévérance, qu'à six ans il avait la joie de servir à l'autel son grand-oncle, M. l'abbé Deny. Ce vénérable ecclésiastique crut voir, dans les heureuses dispositions de Louis, et dans son zèle pieux, un indice de sainte vocation. Telle était aussi la pensée de plusieurs prêtres qui l'ont connu ; mais leurs prévisions devaient être dépassées : La vocation de Louis était d'aller goûter les joies vraies de la Patrie, avant même d'avoir approché ses lèvres de la coupe toujours amère des plaisirs de l'exil.

Bientôt il put lire assez couramment le latin pour

---

[1] Louis demeurait habituellement chez ses grands-parents.

chanter l'*épitre* et les *versets*. On aimait à entendre cet enfant qui consacrait à louer Dieu les premiers accents de sa voix douce et pure. Et lorsqu'il dut s'éloigner de Villerupt pour continuer ses études, bien des personnes exprimèrent leurs regrets de ne plus le voir au chœur, de ne plus entendre cette chère petite voix.

Doué d'une grande sensibilité, il était capable de beaucoup d'attachement. Les premières manifestations de ses sentiments d'affection furent exclusivement à l'adresse de ses parents ; mais bientôt il se montra disposé à sympathiser avec toutes les personnes qu'un discernement bien rare à un âge si peu avancé, lui désignait comme étant dignes d'estime. Il savait aussi se faire aimer de tous par son innocente simplicité, sa grâce enfantine, sa vive intelligence, la gaîté et l'enjouement de son caractère. Si le manque de réflexion ou son extrême vivacité le faisait tomber dans quelque faute propre à causer de la peine, on le voyait aussitôt s'en attrister, et chercher à se faire pardonner un instant d'oubli par l'expression de son repentir, et par des caresses plus affectueuses.

Louis était non-seulement sensible, mais encore généreux. On l'a surpris quelques fois déposant dans l'un des troncs de l'église paroissiale, des pièces de monnaie qui lui avaient été données pour son amusement. Il le faisait sans y avoir été incité par personne, et il ne s'en est jamais ouvert à qui que ce soit. Ainsi il pratiquait, avant même de la connaître, cette maxime chrétienne : « Que votre main gauche ignore le bien que fait votre main droite. »

Ce qui n'est pas moins remarquable, c'est la réserve, la discrétion vraiment surprenante, dont il a donné des preuves dans un âge où le besoin d'expansion est si impérieux : Souvent il entendait, dans sa famille ou ailleurs, parler de choses plus ou moins sérieuses, sur lesquelles on ne lui avait pas recommandé le secret, mais qu'il croyait ne devoir pas être divulguées ; jamais il n'en disait un mot, pas même aux personnes auxquelles il témoignait d'ordinaire une confiance illimitée ; et, plus tard, quand on apprenait qu'il en avait été instruit, on ne pouvait se défendre d'un sentiment d'admiration à la vue de tant de délicatesse.

II.

Cependant Louis avançait en âge. Depuis deux ans il était l'élève de Monsieur le curé de Villerupt, pour lequel il a toujours conservé une grande affection, lorsque son père résolut de le placer dans une maison d'éducation. Il avait huit ans ; le moment était venu de dompter son impétueuse vivacité, de l'habituer à un travail plus régulier, et de lui donner, dans l'exemple d'enfants de son âge, un sujet d'émulation.

Le choix de l'établissement où il devait être envoyé n'était pas, pour la famille, une affaire de médiocre importance ; car, si elle voulait que ses facultés intellec-tuelles fussent cultivées avec soin, elle prétendait bien aussi sauvegarder cette naïve candeur, marque d'inno-cence, cette distinction, fruit d'une éducation première conduite avec un tact parfait et un rare bonheur. Mille questions suggérées par une sollicitude éclairée, devaient recevoir une solution. On consulta beaucoup ; on voulut avoir les renseignements les plus circonstanciés, on se rendit compte des choses par soi-même autant que cela fut possible, et enfin l'on prit une décision.

Louis fut placé au pensionnat des Frères des Écoles Chrétiennes, à Beauregard, où il a laissé de précieux et bien édifiants souvenirs. Il y fit son entrée le 9 octobre 1865, et fut placé dans la 7e classe. Nul enfant n'a jamais, plus que lui, joui des douceurs de la maison paternelle ; aussi lorsqu'il reçut les embrassements de son père, au moment de se mêler pour la première fois à ses condisciples, il versa d'abondantes larmes. Monsieur Herrgott était lui-même visiblement attendri, et son émotion se traduisit par les témoignages de la plus touchante affection. Cependant Louis s'habitua bien vite à la vie de pension : tout lui paraissait si beau !... D'ailleurs, doué d'une grande énergie de volonté, il était déterminé à lutter contre l'ennui. Avant même de quitter sa famille, il s'était informé de l'heure du lever et de plusieurs autres points du règlement de la Maison, afin de s'accoutumer d'avance à les pratiquer.

Il suivit avec succès, jusqu'en juillet 1867, le cours de ses études. En raison de ses facilités, il fut toujours appelé à concourir avec des élèves relativement forts ; malgré cela, il n'éprouva pas un instant de découragement ; et, grâce à son application, favorisée par une intelligence peu commune, il fit des progrès remarquables.

Ses professeurs ne tardèrent pas à reconnaître en lui une franchise que l'on ne trouve que dans les enfants innocents ; il était confiant comme le sont ceux qui, n'ayant point l'expérience personnelle du mal, ne le soupçonnent même pas dans les autres. Souvent il lui arrivait de faire à ses maîtres des communications mystérieuses ayant pour objet quelque faute légère qu'il avait commise, et dont il paraissait se tenir un compte rigoureux.

On comprend qu'une âme si pure et si tendre devait être de plus en plus éprise des beautés de la religion et des amabilités de son divin Chef. Louis assistait avec délices aux *instructions* religieuses. Toute sa personne alors semblait absorbée dans l'attention la plus complète. Son émotion était parfois si grande qu'il pouvait à peine articuler quelques mots de réponse aux questions que lui faisait le professeur, pour s'assurer qu'il avait l'intelligence de ce qui paraissait si bien le captiver. Et cette émotion était durable. Lorsque la maladie l'avait forcé d'interrompre ses études, il disait quelquefois à sa mère : « *Si vous saviez, maman, quelles belles instructions on nous faisait sur la sainte Eucharistie, sur l'Amour de Dieu, sur la Pureté du cœur!... c'était à en verser des larmes !* Le cher enfant n'avait pas été, comme on le voit, frappé des vérités redoutables, qui inspirent la *crainte* des jugements de Dieu ; ce qui agissait sur lui, c'était le tableau des vérités consolantes, de nature à *dilater les cœurs purs.* C'est là le propre de l'innocence : elle aime. Eh ! quelle raison pourrait-elle avoir de craindre ?

Toujours guidé par un sentiment pieux, il avait, à Beauregard comme à Villerupt, manifesté le désir de servir le prêtre à l'autel. Comme on lui reconnaissait une grande piété, on jugea convenable de lui permettre de se rapprocher ainsi du Dieu qui a dit : « Laissez venir à moi les petits enfants. » Il était bien à sa place, là, près du trône d'amour de Notre-Seigneur. Il s'acquittait de son office avec une modestie, une retenue, vraiment édifiantes. On aimait à le voir, dans son costume de *cardinal*, les yeux fixés sur le saint autel, assistant avec une sorte de ravissement à l'auguste sacrifice. Son attitude, sa démarche toujours dignes, revêtaient alors un air de majestueuse simplicité qui aurait suffi à commander le respect pour le lieu saint et les mystères sacrés que l'on y célèbre : « En vérité, disaient ses maîtres, c'est ainsi que doivent être, dans le ciel, les élus qui se tiennent debout devant le trône de l'Agneau en chantant l'éternel *hosanna*. »

L'heureux caractère de Louis ne lui permettait pas de conserver le souvenir des peines qu'on avait pu lui occasionner ; mais, par contre, il n'oubliait pas les services qui lui avaient été rendus ; il se montrait attentif aux moindres témoignages de sympathie dont il pouvait être l'objet. Quand il recevait la visite de ses parents, il leur communiquait jusqu'aux plus menus détails des soins qui lui avaient été donnés, et des attentions que l'on avait eues pour lui.

Dès la première fois que sa tante vint le voir, quelques semaines après son entrée au Pensionnat, il s'exprima, au sujet de ses maîtres, dans les termes de la plus grande reconnaissance. Un peu plus tard, étant retourné dans sa famille à l'occasion du nouvel an, il demanda s'il était nécessaire qu'il apprît le latin : « *Je serais cependant fort instruit si je savais tout ce que l'on enseigne à Beauregard*, disait-il ; *mais si je ne puis y faire toutes mes études, je désire du moins y rester le plus longtemps possible.* » Puis, ses pensées se portant sur les fatigues que s'imposaient ses maîtres, il disait avec l'accent de la conviction : « *Mais aussi le bon Dieu les récompensera bien ; il leur donnera le ciel.* » Cette idée avait pris en lui une telle consistance qu'il aurait voulu pouvoir rester toute sa vie avec eux : « *Car*, répétait-il, *ils seront certainement sauvés.* »

Cet enfant n'a jamais connu l'aigreur, l'antipathie, ni aucune des passions haineuses. Il ne savait ce que signifiaient les mots de plainte, de murmure, de réplique ; si quelque observation lui était faite, il l'acceptait dans un silencieux respect, et se mettait en devoir d'en profiter. Il prenait ses petites contrariétés d'élève avec un tel esprit chrétien que, plus tard, durant sa dernière maladie, lorsqu'il était porté à se reprocher amèrement ces *péchés* d'écolier qui échappent aux plus parfaits, il se disait, pour ramener le calme dans sa conscience alarmée : « *J'ai, il est vrai, commis des fautes en pension ; mais aussi j'ai bien fait les pénitences qui m'étaient imposées, et j'espère que Dieu m'a pardonné.* »

Son cœur si aimant avait besoin de s'épancher ; la plus lourde peine qui pût lui être infligée, c'était la privation des entretiens ordinaires avec ses maîtres ou ses condisciples. Il se plaisait particulièrement à égayer les élèves plus jeunes que lui ; il jouait avec eux, et leur procurait le plus d'agrément possible.

Son attachement pour ses maîtres et pour ses condisciples ne nuisait en rien à l'amour qu'il devait à ses parents. On peut en juger par les lignes suivantes que nous extrayons de l'une de ses compositions ; nous citons textuellement : « *Les prix et les billets sont mérités par les bons travailleurs ; aussi j'espère obtenir quelques prix, d'autant plus que j'ai de bonnes places, que je travaille bien, et que je veux montrer certainement à mes parents que je les aime, et que je veux leur faire plaisir en leur présentant au moins un prix pour récompense..... de tous les bons petits soins qu'ils prennent pour moi.* » Ces paroles sont l'expression exacte de ses sentiments, et ses parents se plaisent à redire que plus il avançait en âge, plus aussi il se montrait envers eux poli, aimable.

Il a paru très-affecté de la mort de son grand-oncle, Monsieur l'abbé Deny, dont nous avons déjà parlé. Voici ce qu'il écrivait à ses parents le 16 juin, jour où il avait reçu la nouvelle de cet événement : « *Je viens de recevoir votre lettre.... aussi je m'empresse de vous dire que toutes les prières que je ferai seront pour le repos de l'âme de mon bon oncle, et que j'en ferai encore plus qu'à l'ordinaire, pour qu'il soit plus vite au Ciel s'il n'y est pas encore.* »

Cette tendre affection pour tous les membres de sa famille était capable d'exercer sur sa conduite et son application, une salutaire influence. La seule pensée que ses fautes pouvaient les jeter dans la tristesse et l'inquiétude suffisait à le retenir. Il éprouvait un bonheur inexprimable à recevoir de leurs nouvelles ; et, dans une circonstance où son ardeur pour le travail avait paru se refroidir un peu, une lettre de sa tante releva son courage à ce point qu'il ne fut plus besoin de lui faire la moindre remontrance à ce sujet.

Il était d'une grande docilité et déférait avec une scrupuleuse ponctualité aux avis qui lui étaient donnés. Un jour sa famille lui écrivait à peu près en ces termes : « Le jardinier ira prochainement prendre de vos nouvelles ; ayez soin de le recevoir convenablement ; c'est un homme laborieux, honnête, et qui nous est très-attaché ; à tous ces titres, il mérite vos égards. » Quand cet homme rentra pour rendre compte de sa commission, il ne put s'empêcher de verser des larmes, tant il s'était senti touché de l'accueil que lui avait fait ce cher petit. Louis n'oublia jamais la recommandation qui lui avait été faite dans cette occasion, et tous les ouvriers des forges étaient charmés de ses bons procédés envers eux lorsqu'il retournait en vacances.

Il a semblé à ces bonnes gens que sa mort était venue confirmer un de leurs préjugés : « On pouvait bien prévoir, disaient-ils, que cet enfant ne vivrait pas ; il était trop bon, trop gentil ; il avait trop d'esprit. »

D'ailleurs, au Pensionnat, il s'est toujours montré fidèle observateur des convenances. Des personnes amies de l'établissement qui avaient eu l'occasion de le voir dans les *réunions mensuelles,* avaient été frappées de son air à la fois noble et modeste. Elles s'intéressaient à lui comme s'il eût appartenu à leur famille. Et quand elles apprirent qu'une maladie grave menaçait ses jours, elles en furent vivement affectées.

Louis avait des idées et des sentiments bien au-dessus de son âge : sa conversation, bien que gaie et enjouée, ne roulait jamais sur des sujets frivoles. Rien en lui n'était puéril ; il portait jusque dans ses jeux, cette réserve, cette dignité qui n'est que de la distinction, et que des personnes habituées à juger légèrement auraient prises pour de la fierté.

III.

Malgré les qualités que chacun lui avait reconnues, nul ne pouvait encore se flatter d'avoir bien compris Louis : il fallait une maladie maligne, opiniâtre, terrible comme celle qui vint le frapper, pour lui donner lieu de révéler à tous les trésors dont Dieu avait enrichi son âme.

Sans être de robuste complexion, il jouissait habituellement d'une santé florissante. Il paraissait délicat, mais il ne portait en lui le germe d'aucune affection, et l'on espérait qu'il irait se fortifiant de jour en jour. C'était là une illusion qui devait être trop tôt dissipée !

Ses parents se demandent, avec raison peut-être, si cette maturité précoce, ce tact, ce bon sens pratique, développé à un si haut degré, n'aurait pas annoncé des prédispositions à quelque maladie du cerveau.

De telles idées trouveraient, ce semble, un appui dans cette parole d'un docteur qui ne connaissait pas l'enfant, et à qui l'on avait rapporté quelques-uns des faits que nous relatons : « Cet enfant a dû succomber par le cerveau ; les signes précurseurs de sa maladie, ont été, sans aucun doute, des perturbations dans les fonctions des organes plus particulièrement en rapport avec l'encéphale et le système qui en dépend. » Ainsi s'expliqueraient la surdité, les maux de tête qui l'ont fait souffrir si cruellement.

Lorsque la *méningite* qui l'a enlevé fut bien nettement caractérisée, on se rappela un incident auquel on ne songeait plus depuis longtemps, et qui pourrait paraître confirmer ce que nous disons. Pendant les vacances d'automne (1866), l'enfant avait éprouvé tout-à-coup un mal de tête si violent qu'il avait été obligé de se mettre au lit ; des vomissements étant ensuite survenus, on attribua ce malaise à l'influence de l'épidémie (choléra) qui sévissait alors à Villerupt. On conçut des craintes. Cependant, le lendemain, il ne lui restait plus aucun vestige des douleurs qu'il avait ressenties. N'était-ce point là le premier symptôme sérieux de la maladie qui l'a ravi à la tendresse de ses parents ?

Quoi qu'il en soit, on ne se préoccupa point alors de ce que pouvait présager cette indisposition passagère. Louis se portait à merveille, et il rentra au Pensionnat le 11 octobre. Au nouvel an, il se rendit dans sa famille avec deux de ses cousins, devenus ses condisciples, puis il vint reprendre le cours de ses études.

Au commencement du mois de février 1867, il fut atteint de la rougeole et soigné à l'établissement. Huit ou dix jours après, il se trouvait bien, et l'on n'avait plus qu'à l'environner des soins que réclamait la conva-

lescence. Dans cette circonstance encore, les frères
eurent lieu de reconnaître combien était sensible et bon
le cœur de ce cher enfant ; on ne lui rendait pas le
moindre service sans recevoir, en retour, les plus sincères
remercîments.

Dans le courant du mois de mars, le frère Directeur,
remarquant en lui un air distrait, une sorte d'apathie
qu'il ne s'expliquait pas, prévint la famille ; et, sur l'avis
du médecin, Louis rentrait chez ses parents le 27 de ce
mois. Son état, toutefois n'offrait rien d'alarmant ; il ne
tenait pas le lit, faisait des promenades dans les bois de
Villerupt, s'amusait gaîment avec son petit frère.

IV.

Le 7 mai, comme Louis paraissait bien rétabli, et
qu'il demandait à retourner au milieu de ses condisciples, afin de concourir pour les prix, ses parents
crurent pouvoir condescendre à ses désirs. Qui eût dit,
en voyant son visage s'épanouir au moment où il retrou-
vait ses maîtres et ses camarades, que dans un court
espace de temps il allait avoir à lutter contre plusieurs
maladies dont une seule aurait suffi à ébranler le meilleur
tempérament ?

Louis était animé des plus heureuses dispositions :
jamais il n'avait mis autant d'ardeur au travail ; jamais
sa conduite n'avait été aussi irréprochable..... Hélas !
faut-il augmenter nos regrets par de telles considéra-
tions ?

Jusqu'au 18 mai, tout se passa bien. Mais ce jour-là, l'un de ses maîtres ayant remarqué qu'il faisait de grands efforts pour tousser, craignit qu'il ne fût atteint du croup. Immédiatement le frère infirmier fut appelé, et l'on reconnut que les appréhensions du professeur n'étaient que trop fondées. Toutefois, prise à temps, cette maladie n'eut pas de suites, et Monsieur Herrgott, qui vint voir son fils le 25, le trouva complétement guéri.

Le 7 juillet, l'enfant écrivait encore à ses parents qu'il se portait bien ; huit jours après il toussait un peu, et certaines précautions de prudence lui étaient prescrites. Le 18, il annonçait qu'il avait souffert du mal d'oreilles, qu'il entendait moins distinctement, mais qu'il se trouvait cependant déjà mieux.

Le frère Directeur, qui s'efforçait de se rendre un compte judicieux d'une situation qui paraissait se compliquer, ajouta un mot à sa lettre. Rien ne pouvait encore lui inspirer de sérieuses inquiétudes ; mais ce commencement de surdité, la mobilité des couleurs de l'enfant, qui pâlissait, puis reprenait un teint rose bien prononcé et pâlissait de nouveau, tout cela était suffisant pour ne lui point laisser une sécurité entière.

La mère et la tante de Louis se rendirent à Beauregard le 21, et jugèrent convenable de lui accorder un repos complet. Il retourna donc à Villerupt avec elles, mais non sans avoir obtenu la promesse qu'on lui permettrait de revenir au Pensionnat quelques jours avant la Distribution des Prix.

Peu de temps après son arrivée dans sa famille, il

ressentit des douleurs rhumatismales qui se fixèrent bientôt dans l'articulation du pied droit ; il ne marchait qu'avec peine, mais il souffrait sans se plaindre ; il était préoccupé uniquement de la pensée et du désir d'assister à la distribution des Prix. Pauvre Louis, cette joie ne devait pas lui être accordée !

Le jour de l'Assomption, il fut obligé de s'aliter. Depuis quelques jours, il ne pouvait plus marcher ; ses souffrances étaient devenues plus aiguës, et on lui voyait, par moments, cet air distrait qu'on avait déjà remarqué en lui au mois de mars.

Le 18 août, le médecin reconnut qu'il était atteint d'une pleurésie et ordonna des remèdes qui répugnaient singulièrement au malade. Ce cher enfant redoutait surtout l'application du vésicatoire prescrit par le docteur ; cependant sa tante, qui était venue à Beauregard ce jour-là même, lui remit le prix d'orthographe, qui lui avait été décerné, et lui annonça qu'il pouvait compter recevoir prochainement la visite du frère Directeur et de ses professeurs. Il était si heureux qu'il ne sentait pour ainsi dire plus ses douleurs ; il accepta le moyen de guérison qui lui avait inspiré jusqu'alors une horreur insurmontable, et dont l'application était devenue très-urgente ; il soupirait après le moment où il possèderait près de lui ses maîtres auxquels il pensait continuellement. Tous les jours il faisait porter son lit près de la fenêtre, afin de les voir arriver.

Le 12 septembre, le frère Directeur lui écrivit pour lui donner des détails sur la Distribution des Prix, et lui exprimer de nouveau ses sentiments de tendresse et d'affection. Le malade fut bien touché de ces marques de bonté ; cependant il ne put se défendre d'une tristesse profonde en apprenant que la visite qui lui avait été promise se trouvait ajournée. Il en éprouva comme une déception amère, et fut tout à fait désenchanté.

V.

Pendant six semaines, ce pauvre enfant souffrit cruellement ; la douleur lui arrachait quelquefois des gémissements, des cris, des larmes, et même des marques de vivacité et d'impatience envers les personnes qui le soignaient ; mais jamais il ne fut tenté de murmurer contre cette Providence si bonne, qui l'avait prévenu de tant de faveurs, et à laquelle il devait toutes les joies de son enfance. Quand les souffrances devenaient intolérables, il demandait au bon Dieu la force de supporter de si grandes douleurs ; il trouvait dans son cœur des expressions si touchantes, qu'il était impossible de l'entendre sans en être ému. Jamais sa prière n'était oubliée, et il y mettait tant d'application qu'il aurait pu en ressentir de la fatigue. Il invitait sa tante à prier avec lui, et à communier à son intention. Il recevait de temps en temps la visite d'une sœur de l'Espérance, qui était venue pour soigner des ouvriers blessés, et c'était pour lui un sujet de grande consolation d'entendre cette bonne religieuse lui dire qu'elle pensait à lui dans ses communions.

Dans les intervalles de calme que lui laissait la souffrance, Louis était d'une très-belle humeur ; il jouait avec ses petits frères et sa petite sœur, il faisait une lecture, ou bien il écrivait à quelque personne des billets pleins de gaîté et s'amusait beaucoup des réponses qu'on lui faisait dans le même style.

Il semblait cependant se plaire davantage encore aux conversations sérieuses. Son intelligence s'était développée d'une manière surprenante durant sa maladie ; il étonnait par la justesse et l'à-propos de ses remarques. Il parlait souvent de Beauregard ; ses entretiens finissaient toujours par le ramener-là ; il y revenait sans cesse, et ses parents, comprenant que c'était un besoin pour son cœur, témoignaient prendre à ce qu'il leur disait, le même intérêt que lui.

Louis ne se faisait pas illusion sur les dangers qu'il courait : vers la fin de septembre, il parut un jour en proie à une profonde mélancolie. Il appela sa tante, et, lui passant les bras autour du cou, il lui dit en pleurant : « *Voilà bien longtemps que je suis malade.... qui pourra me guérir? Il faut bien prier le bon Dieu.... c'est lui qui me guérira.* » Ce fut comme un premier avertissement donné à ses parents qui, le cœur navré, croyaient déjà voir descendre sur lui les ombres de la mort!.... On essaya pourtant de lui relever le moral et de le consoler en lui proposant une neuvaine en l'honneur de la Sainte Vierge et de ses saints patrons. Il accepta avec empressement, et voulut commencer immédiatement les prières. Il les récitait plusieurs fois par jour avec une dévotion angélique. Il pria sa mère de faire dire une messe pour lui le jour des saints anges ; un ecclésiastique, ami de la famille, ayant vu l'état du malade, offrit aussi pour lui le saint sacrifice.

Dès les premiers jours de la neuvaine, la douleur du pied diminua un peu : « *Je me sens mieux*, disait Louis, *et puis, je vois bien que le docteur a l'air content.* » Et il redoublait de ferveur.

Mais cette neuvaine, qui avait rendu tant d'espoir au pauvre petit, fut bientôt interrompue. Le 4e jour, une fluxion de poitrine se déclara, sans que l'on pût lui assigner une cause quelconque, attendu que le malade n'avait pas quitté le lit depuis six semaines.

Les sangsues lui inspiraient une répugnance, un dégoût insurmontable, et cependant on en avait prescrit l'application ; il se résigna, non sans peine, à subir cette opération qui lui procura un prompt soulagement.

Dans la soirée du 4 octobre, il fut pris d'une hémorrhagie qui dura toute la nuit. Effrayé, il disait d'un air attendrissant aux personnes qui le soignaient : « *Je mourrai.* » On ne put arrêter l'écoulement du sang qu'au moyen d'un tamponnement. Le malade fut contraint de garder les tampons plusieurs jours, malgré la gêne excessive qu'il en éprouvait. Il était obligé d'ouvrir la bouche pour respirer, ce qui augmentait l'irritation de la poitrine, provoquait de plus fréquents accès de toux, et causait au patient de longues insomnies.

Malheureusement, l'hémorrhagie se renouvela plusieurs fois ; il fallut de nouveau employer les tampons, et prolonger ainsi le supplice de ce pauvre enfant. Lorsque enfin il put reposer un peu et prendre quelque nourriture, il ne tarda pas à se remettre, et ses bonnes couleurs lui revinrent.

Au milieu de toutes ces épreuves, Louis était toujours admirable de piété et de respect pour les convenances. Il semble que la souffrance ait été pour lui comme un creuset qui purifiait de plus en plus son âme et le rendait plus attentif encore à ne rien faire qui pût, même de loin, ressembler à un manque d'égards envers ceux qui l'approchaient.

Sa mère lui dit un jour que puisque son oncle (professeur à la faculté de médecine de Strasbourg) était allé à l'Exposition, on le prierait de lui faire une visite à son retour : « *Oh! maman, ne faites pas cela*, dit-il ; *ce serait manquer à Monsieur Fourrier qui m'a bien soigné.* » Sans doute il aurait dû s'en remettre à ses parents, dont les leçons avaient formé en lui cette exquise délicatesse ; mais sa mère, qui rendait pleinement justice au dévouement et aux lumières de M. Fourrier, essaya vainement de lui représenter que le médecin ordinaire de la famille ne pouvait en aucune façon se blesser, qu'on lui proposerait cette consultation, et que, certainement, il l'accepterait avec empressement ; Louis préféra renoncer au plaisir de voir son oncle que de s'exposer à être l'occasion de ce qu'il considérait à tort comme une sorte d'ingratitude.

VI.

Cependant le frère Directeur ne perdait point de vue ce cher enfant ; le 11 octobre, malgré les préoccupations de la rentrée des classes, il fit écrire à la famille pour demander des nouvelles de Louis, et annoncer qu'il profiterait du premier instant dont il pourrait disposer pour réaliser enfin le projet depuis si longtemps formé de se rendre près du malade. Le cher petit en éprouva une joie bien vive ; et comme on tardait à répondre, parce qu'on aurait voulu pouvoir caractériser nettement sa situation toujours fort indécise, il s'inquiétait de ce retard ; il craignait de paraître oublieux, ingrat, et ne supportait pas l'idée de perdre l'amitié de ses maîtres, d'être oublié d'eux.

Vers le milieu d'octobre, un mieux apparent vint donner une nouvelle lueur d'espoir. Louis pouvait se lever pendant une partie de la journée, il prenait ses repas à table, avec toute la famille, et, malgré la surdité opiniâtre dont nous avons déjà parlé, il essayait de faire un peu de musique ; mille gracieux projets venaient de nouveau charmer son esprit. Il attendait de jour en jour la visite tant désirée du F. Directeur, et s'occupait de tout ce qui pourrait lui rendre agréable son court séjour à Villerupt.

Cette période de calme ne fut pas de longue durée. Même dans les jours où il se trouvait le mieux, il avait, à certaines heures, un peu de fièvre ; l'on s'aperçut bientôt que chaque jour les accès se prononçaient et se prolongeaient davantage. A la fièvre, vint s'ajouter une toux violente. Cette nouvelle complication obligea de recourir encore à l'usage du vésicatoire. On connaissait si bien l'aversion de Louis pour cet exutoire, que l'on n'osait lui en parler. Cependant la charité est ingénieuse : On imagina de lui dire qu'aussitôt qu'il serait guéri, il retournerait à Beauregard, et que son frère Paul irait avec lui ; puis on lui présenta le vésicatoire comme un moyen de hâter sa guérison et la réalisation de son désir : « *Oh ! à cette condition*, dit-il, *je veux bien qu'on m'en mette un.* »

Hélas ! tous les remèdes étaient impuissants ! Louis était trop intelligent pour ne pas s'apercevoir que sa maladie déconcertait la science. On le voyait souvent branler la tête d'un air pensif et résigné. Il ne cessait de prier : il demandait à Dieu de lui envoyer son ange consolateur ; il invoquait Marie en baisant pieusement ses images et ses médailles. Depuis son retour à Villerupt, il était privé du bonheur d'assister aux saints offices, et c'était pour lui le sujet d'une grande peine : « *Pas une fois !* » disait-il avec tristesse : « *Oh ! que je voudrais pouvoir aller encore à l'église !... Demandons au bon Dieu qu'il me fasse cette grâce !* »

Monsieur le comte d'***, à qui l'état de souffrance de Louis inspirait de l'intérêt, pensa que le climat du midi lui serait favorable, et il engagea la famille à le conduire à Cannes pour y passer l'hiver. Quoique fort touché de cette preuve d'affectueuse bienveillance, le malade ne voulut point consentir à s'éloigner de ses parents et de

Beauregard, où il espérait retourner encore : « *Quel joli rêve j'ai fait,* dit-il un jour en s'éveillant ; *j'étais à Beauregard !* »

VII.

Malgré tous les soins dont Louis était environné, le mal suivait son cours, minant peu à peu ce cher enfant, tarissant insensiblement les sources mêmes de la vie. A l'époque de la Toussaint, il avait pris un caractère tout à fait alarmant. Les nuits étaient plus mauvaises ; la toux, plus violente, se calmait à peine quelques instants pendant la matinée ; l'appétit faisait complétement défaut ; des nausées, des vomissements annonçaient une nouvelle phase de cette longue et insidieuse maladie. L'enfant, nonobstant son état de dépérissement, aurait voulu entretenir ses parents dans une douce et chère illusion... Pour lui, il en avait pris son parti, et il était en paix. Il semblait entrevoir déjà le ciel où Dieu allait l'appeler, et il puisait, dans la pensée du salut, la force de souffrir. Il supportait ses douleurs avec une grande patience et une entière résignation ; aucun remède n'était repoussé, et les privations que lui imposait la maladie ne lui pesaient pas.

Ses parents le trouvaient plus tendre, plus aimant ; il paraissait s'intéresser surtout à son frère Paul, comme s'il eût souhaité que l'on reportât sur cet enfant les sentiments dont il avait été lui-même l'objet. Tous les soirs, il l'appelait près de lui et voulait savoir quels avaient été ses amusements de la journée. Les jeux de son frère lui rappelaient ceux auxquels il s'était livré avec tant d'entrain ; il regardait sa tante avec une expression de physionomie qui disait : *Vous souvenez-vous ?... Oh ! comme c'était bon de jouer !...* » Puis, se tournant vers Paul : « *As-tu pensé du moins à prier pour moi ?...* » Il reportait ensuite ses souvenirs vers Beauregard : « *Les deux années que j'y ai passées m'ont fait tant de bien !...* disait-il, *on m'a rendu bien meilleur que je n'étais !... J'ai pourtant fait bien des légèretés,* ajoutait-il, *mais j'ai expié, je pense, mes fautes.* » Un jour, il alla jusqu'à dire à sa mère, dans l'excès de sa reconnaissance pour ses maîtres : « *Vous ne pourrez jamais vous acquitter envers les chers frères pour le bien qu'ils m'ont fait.* »

Le 10 novembre, fête de la Dédicace, Louis s'assit pour la dernière fois à la table commune ; pour la dernière fois, il prit son repas en famille. Ce jour-là surtout on acquit la certitude qu'il avait le pressentiment de sa mort prochaine : il avait l'air recueilli et paraissait tout absorbé dans de graves pensées.

Le soir, au moment où son père et sa mère prenaient congé de lui, il les embrassa tendrement, les retint comme s'il avait une communication importante à leur faire, puis leur demanda, dans les termes les plus touchants, pardon des peines qu'il avait pu leur causer, *volontairement* ou *involontairement*. Cher ange ! la seule peine qu'il leur ait jamais occasionnée prenait son origine dans l'inquiétude où les jetait sa maladie. Il adressa des paroles semblables à ses grands-parents, à sa tante, à son frère Paul ; ensuite il exprima, d'une manière générale, le désir d'obtenir le pardon de toutes les personnes qu'il avait offensées... Il rappela les vivacités et les impatiences que lui avaient parfois arrachées de cuisantes douleurs et il en témoigna un sincère repentir. « *Cela ne m'arrivera plus*, disait-il, *je veux être bon, patient, aimable, poli !* » — « *Ma tante*, dit-il un peu après, *je voudrais me confesser.* — C'est.là une bonne pensée, mon ami, la pensée d'un enfant pieux.

— *C'est le bon Dieu qui me l'a inspirée aujourd'hui, pour me récompenser d'avoir résisté à la* TENTATION *de lire un journal* PENDANT LES VÊPRES. »

Comme il avait parlé longtemps et avec animation, il toussait plus que de coutume ; sa tante l'engagea à ne pas prolonger davantage cet entretien, et à se reposer. Il pensa qu'elle voulait combattre son désir de se confesser, et qu'elle cherchait à le tromper sur son état, en affectant une sécurité qu'elle n'avait pas : « *Oh ! je vous en prie*, dit-il, d'un air désolé et suppliant, *ne me donnez pas de fausses espérances ! écoutez-moi !...* » Il fallut lui donner l'assurance que non-seulement on approuvait son dessein, mais qu'on lui viendrait en aide pour se préparer à le mettre à exécution.

Les jours suivants, Louis ne put se confesser. Il toussait constamment, il vomissait tout ce qu'il prenait, et il était d'une faiblesse extrême ; il ne quittait plus le lit. Le dimanche 17, il était dans un état de prostration complète.

VIII.

Il avait si ardemment désiré voir le F. Directeur et ses professeurs, que la famille résolut de les prier de ne pas retarder davantage leur visite. Pour ne pas exposer le malade à une trop vive émotion, en lui laissant deviner les alarmes que l'on avait conçues, on lui annonça que la voiture de ses parents devait aller le lendemain à *Thionville* et à Beauregard, et que, *probablement*, ses maîtres en *profiteraient* pour se rendre à Villerupt. Un éclair de joie vint illuminer son regard, mais le pauvre enfant était si faible qu'il ne pouvait parler.

Le lendemain, il était mieux ; on lui dit que la voiture était partie de grand matin, et qu'elle ne tarderait pas à arriver. Alors il s'occupa de la bonne réception à faire aux chers frères ; il fit à ce sujet mille recommandations, déterminant quelles chambres on devait leur préparer, et réglant tout jusque dans les plus minutieux détails. Il pria sa tante, qui ne le quittait pas un instant, de le laisser seul, et de s'assurer par elle-même que les choses se faisaient comme il l'avait demandé.

La voiture arriva vers une heure. Le frère Directeur seul avait pu se rendre aux désirs de la famille. Cependant Louis était si heureux que la douleur parut s'endormir un moment et lui laisser un peu de calme. Il se montra affectueux, caressant, plein de reconnaissance. Il demanda des nouvelles de ses maîtres, de ses anciens condisciples, voulut avoir des détails sur les travaux de construction de la chapelle, et témoigna prendre à tout ce qui concerne l'organisation et la marche des études, le classement des élèves et leurs résultats dans les concours hebdomadaires, le même intérêt que s'il se fût encore trouvé au milieu d'eux.

Vers 3 heures, survint une crise comme il n'en avait point encore éprouvé, et qui doit être attribuée, selon toute apparence, à une surexcitation générale du système nerveux. Il ressentait dans tout le corps, mais particulièrement aux pieds, aux jambes, aux mains et aux bras, des picotements qui lui causaient de vives douleurs. Il faisait de grands efforts pour parler et exprimer ce qu'il éprouvait; mais sa langue était comme paralysée. Il devenait évident que la situation s'aggravait, et l'on songea à parler à Louis de faire sa première communion. Ses parents s'en étaient déjà entretenus avec Monsieur le Curé de la paroisse; mais ne croyant pas le danger pressant, et n'ayant pas une occasion naturelle de faire au malade des propositions à cet égard, sous peine de lui abattre le moral, on avait cru pouvoir s'abstenir encore. Cependant il ne fallait plus tarder; et bien qu'on ne désespérât pas entièrement de le sauver, on résolut d'aborder avec lui cette question. La chose fut d'autant plus facile que Louis nourrissait secrètement, au fond de son cœur, le désir de communier. Mais soit qu'il ne se jugeât pas digne de cette faveur, soit qu'il craignît de faire entendre à ses parents qu'il n'espérait plus sa guérison, il avait évité de s'en ouvrir.

Le frère Directeur se chargea de lui faire part du projet que l'on avait formé. Il lui fit connaître d'abord que l'on allait commencer une neuvaine à son intention : les élèves de sa classe, et tous les frères de Beauregard devaient s'unir à la famille, pour adresser leurs supplications au Vénérable Jean-Baptiste de la Salle, fondateur des Frères des Écoles chrétiennes, dont le procès de Béatification se poursuit avec activité, et qui signale fréquemment, par des faits éclatants, le crédit dont il jouit auprès de Dieu. Il fut réglé encore que les frères s'approcheraient de la sainte Table le premier et le dernier jour de la neuvaine.

Le frère Directeur dit ensuite à l'enfant que s'il avait fait sa première communion ce serait sans doute pour lui une grande consolation de recevoir aussi « *le pain des Anges.* » — « Mais, ajouta-t-il, une idée me vient : vous avez toujours été si sage et si pieux, mon bon Louis, que si vous demandiez à Monsieur le Curé de faire votre première Communion, il vous le permettrait peut-être ?.... Vous avez connu, à Beauregard, le jeune C***, qui a fait sa première Communion dans de semblables circonstances, cela ne l'a pas empêché de guérir, et il jouit présentement d'une bonne santé... » Louis parut se recueillir profondément, et fit, de la tête, un signe d'assentiment.

Le frère Directeur se rendit chez Monsieur le Curé, pour lui donner connaissance de ce qui venait de se passer.

Pendant son absence, le malade, s'adressant à sa tante : « *Eh bien !* dit-il, *avais-je raison de désirer la visite du cher frère Directeur ? s'il n'était pas venu, qui aurait songé à me faire faire ma première Communion ?.. Ah ! si vous saviez comme il est bon !* »

Louis demanda aussitôt son catéchisme, afin de se préparer convenablement à cette grande action.... Il s'était fait apporter le calendrier dans le but de déterminer le jour où il se proposait de communier, et s'était arrêté au 21 novembre, fête de la Présentation de la sainte Vierge.

IX.

Le lendemain, le docteur vit le malade, et trouva son état des plus graves... On comprit qu'il était temps de le disposer à sa dernière confession. Sa tante lui demanda s'il voulait se confesser le jour même : « *Oui, bien volontiers*, dit-il, *vous m'aiderez à faire mon examen... Il faut que je connaisse bien mes péchés, afin de m'exciter à la contrition.* » Avec quelle humilité et quelle sincérité il fit cet examen ! Il lui semblait que sa tante était trop portée à atténuer ses fautes : « *Je veux*, lui dit-il, *rendre mon âme bien pure, et accuser mes péchés sans déguisement.* »

Monsieur le Curé le confessa vers deux heures. Quel bonheur pour lui de recevoir cette première absolution ! Le pardon divin donna à son âme la sérénité du ciel, la paix des anges.

Peu d'instants après, l'accès de paralysie qui l'avait tant fait souffrir la veille, se renouvela avec les mêmes caractères.

Dans la soirée, sa tante lui demanda s'il avait accompli sa pénitence, qui consistait à dire cinq fois ces paroles, que Monsieur le Curé avait écrites : « Mon Dieu, je vous offre mes souffrances, je les unis à celles que vous avez endurées sur la croix. » — « *Oh ! oui*, répondit-il, *je sais ces paroles par cœur ; mais ce n'est pas assez de les dire cinq fois.* » Et il les répétait sans cesse.

Son esprit était toujours occupé de saintes pensées ; son cœur, de pieux sentiments, et Dieu l'éclairait des lumières de sa grâce. Sa tante voulut lui donner quelques explications relativement à la sainte Eucharistie : « *Ne prenez pas cette peine, ma tante*, dit-il ; *je sens ces choses comme vous les sentez ; la seule différence, c'est que je les exprimerais moins bien.* »

Il demanda si l'on ferait une *fête* à l'occasion de sa première Communion. Il aurait désiré que les membres de la famille, ses maîtres, ses amis de pension y assistassent. Hélas ! comment y songer ?... Les vomissements n'avaient pas cessé, et l'on doutait encore qu'il lui fût possible de communier. On lui dit donc qu'il était trop souffrant pour le moment, mais qu'on lui donnerait satisfaction aussitôt que sa santé serait rétablie. Il laissa échapper un soupir de regret, et réfléchit aux moyens de se dédommager de cette privation. Il s'y prit à la façon des saints.

« *Ma tante*, dit-il, *que deviendra l'argent que j'ai placé à la Caisse d'épargne ? Pensez-vous qu'il y en ait assez pour acheter un vêtement complet à douze enfants ?* — Mon ami, cela ne doit pas vous tourmenter ; s'il fallait y ajouter, nous le ferions bien volontiers. — *Oh ! je vous en prie, permettez-moi de disposer de cet argent !* » et par son geste expressif, il disait : « Pour moi je n'en ai que faire. »

On convint donc que cet argent, récompense de son travail, de ses bonnes notes, serait consacré à vêtir des enfants d'ouvriers. Louis dressa la liste de ceux auxquels il s'intéressait le plus, et voulut qu'on lui présentât plusieurs sortes d'étoffes, afin qu'il pût lui-même faire choix de celle qui lui paraîtrait la plus chaude et la plus convenable sous tous les rapports. Il aurait désiré voir tous ces enfants se présenter devant lui, revêtus des habits qu'il leur avait fait donner ; mais c'était compter sur le temps, et la mort poursuivait sourdement son travail de destruction.

La journée du mercredi 20 fut très-bonne ; les vomissements avaient cessé, tous les symptômes alarmants avaient disparu. Louis faisait avec ferveur la neuvaine à laquelle prenaient part tant de personnes, et il était heureux de penser que l'on priait pour lui. Il baisait souvent l'image du vénérable de la Salle, tout en invoquant le serviteur de Dieu.

Pendant cette journée, il se prépara, dans le recueillement, à la grande action qu'il devait faire le lendemain. Il ne pouvait se lasser d'admirer la bonté de Dieu à son égard. Il demanda si le Prince impérial, plus âgé que lui d'un an, avait fait sa première communion. La réponse négative qu'il reçut, lui fit trouver plus grande encore la grâce que le Seigneur allait lui faire.... Jamais Dieu ne lui était apparu si bon ; jamais il n'avait éprouvé pour Jésus, de si vifs sentiments d'amour.

X.

Monsieur le Curé avait prévenu le malade qu'il était dans l'intention de lui administrer aussi l'*Extrême-Onction*. L'enfant voulut savoir quelle préparation exigeait ce sacrement et quelles grâces précieuses et fortes il devait en espérer. Non content d'écouter avec attention les explications de sa tante, qui lui parlait du soulagement qu'en retirent les malades au milieu de leurs souffrances, il demanda son catéchisme et lut le chapitre qui en traite.

Il avait appris les *actes avant la Communion*, et les récitait de temps en temps. Le jour qui allait luire pour lui était, dans son appréciation, un véritable GRAND JOUR. « *On prie pour moi à Beauregard,* disait-il, *et je voudrais bien savoir ce qu'ont dit mes camarades en apprenant la grande nouvelle...* »

Pour répondre à son pieux désir, on orna sa chambre, par respect pour le Dieu de l'Eucharistie qui allait le visiter ; il donna lui-même ses idées à ce sujet, et prit un vif plaisir à les voir mettre à exécution.

La nuit fut très-bonne, et, à son réveil, Louis se laissa aller à une joie enfantine... C'était le jour de sa première Communion !... Il allait recevoir et posséder réellement dans son cœur Dieu lui-même !.... Son émotion était grande, mais il n'avait rien perdu de sa présence d'esprit. Il se prêta aux soins que réclamait sa modeste toilette de malade, puis il prit un maintien respectueux, attendit dans un profond et religieux recueillement, et récita de nouveau les *actes*.

Une messe fut célébrée à son intention à 9 heures. Après le saint sacrifice, Jésus-Christ vint s'unir à son petit enfant, le consoler, le fortifier, lui apporter les grâces du salut... Il fut reçu dans un cœur plein de foi, d'innocence et d'amour. On voyait, dans les traits du malade, quelque chose de doux, de céleste, d'angélique, qui relevait encore la beauté naturelle de son visage.

Agenouillés près de son lit, ses parents versaient des larmes d'attendrissement ; pour lui, il conservait toute sa sérénité. Pas un nuage, pas une ombre de tristesse ne vint obscurcir son front. Il regardait avec tendresse son petit frère Camille, dont il était le parrain, et qui, comme un ange adorateur, était agenouillé sur un prie-Dieu près du lit du malade, suivant des yeux les touchantes cérémonies qui accompagnent l'administration des sacrements. Sur la demande de Louis, on avait dû faire à ce jeune enfant sa plus belle toilette, afin qu'il comprît qu'il assistait à une *fête*. Levant les yeux au ciel et joignant les mains, le malade demandait à Dieu ses bénédictions pour son filleul.

Quand il eut récité les *actes après la Communion*, Monsieur le Curé se disposa à lui donner l'extrême-onction. On vit, dans les yeux de Louis, qu'il désirait savoir quelles prières allaient être récitées ; lorsqu'on eut satisfait sa piété, il fit un acte de contrition, puis il présenta les mains pour recevoir les onctions. Monsieur le Curé lui dit ensuite qu'il allait lui appliquer une indulgence plénière *(in articulo mortis)*. L'enfant parut heureux et remercia en inclinant la tête. Son regard semblait interroger de nouveau sur ce qu'il avait à faire pour se préparer à recevoir cette grâce et sur la manière d'en témoigner à Dieu sa reconnaissance. Il baisa avec foi et amour le crucifix qui lui fut présenté.

Après son action de grâces, Louis exprima à ses parents toute la joie qu'il ressentait, les embrassa avec effusion, et fit mille caresses à ses frères et à sa sœur. Eux, en le couvrant de leurs baisers, lui disaient qu'il était à leurs yeux comme un ange : un sourire charmant était sa réponse.

A midi, il reçut du F. Directeur une lettre qui augmenta encore sa joie : « *Mon Dieu! comme il m'aime!* » s'écria-t-il. De son côté, il lui écrivait le même jour, pour lui faire part de son bonheur.

C'était un besoin pour son cœur de communiquer ses impressions et ses sentiments. Il pria sa tante de continuer à s'entretenir avec lui, de lui parler encore des sacrements qu'il venait de recevoir.

Il se fit apporter le coffret dans lequel il conservait ses belles images, souvenirs de ses maîtres et de ses petits amis ; ses *billets roses*, ses *billets d'honneur*, tous ses petits *trésors*. Il les regarda longtemps, rappelant les circonstances dans lesquelles il les avait reçus, et les personnes de qui il les tenait.

Cependant ses pensées étaient irrésistiblement attirées vers le ciel : « *Si le bon Dieu ne juge pas à propos de me guérir*, disait-il, *je n'ai pas peur de mourir, parce que je suis en état de grâce ; je suis bien pur, j'irai au ciel... Si je vivais, j'aurais peut-être le malheur d'offenser*

Dieu, de m'endurcir même,... ne vaut-il pas mieux mourir à présent ?... »

Et ce n'était pas dans un moment de douleur et d'angoisses, qu'il s'abandonnait ainsi entièrement à la volonté de Dieu, en faisant le sacrifice de sa vie ; il était alors dans un état de calme, de bien-être délicieux ; l'existence pouvait lui apparaître douce et pleine de charme. Tant d'affections l'attachaient à la vie !... L'idée de la séparation pesait à son âme aimante ; et s'il était résigné, il sentait pourtant toute l'amertume du calice qui lui était présenté ; c'est là surtout ce qui fait le mérite de cette courageuse soumission à la volonté divine.

Sur sa demande, sa tante coupa une mèche de ses cheveux qu'elle conserva en souvenir de sa première communion.

XI.

Le vendredi 22, Louis put se lever pendant une grande partie de la journée ; le médecin constata une amélioration sensible.

Des lettres du F. Directeur, de ses anciens maîtres, de plusieurs de ses condisciples, lui furent remises ; comme toujours, elles lui firent plaisir. Les détails que ses amis lui donnaient sur leurs études, l'intéressaient vivement : *« Qu'ils sont heureux, disait-il, que je serais heureux moi-même de m'instruire avec eux, de recevoir encore les bonnes leçons de nos professeurs de la 5ᵉ classe ! »*

Il caressait quelquefois la pensée de se trouver de

nouveau réuni à ses camarades, de renouveler avec eux sa première Communion. Il dressait ainsi ses plans de conduite : « *Quand je retournerai à Beauregard, il faudra être bien sage et bien raisonnable, comme doit l'être un enfant qui a fait sa première Communion.* » Il demandait avec une grande naïveté s'il ne devrait pas abandonner ses petites vestes, pour prendre un costume plus sévère, destiné à lui donner un air plus sérieux et plus raisonnable.

Le samedi 23, il se trouvait assez bien ; mais on commençait à remarquer de nouveaux indices inquiétants. Toutefois il put se lever et lire les lettres que lui avaient encore envoyées de ses amis de Beauregard.

Le 24, il était plus faible ; quoique placé près d'un grand feu, et bien que vêtu très-chaudement, il avait froid. Cependant il ne se plaignait pas. Voulant répondre aux lettres de ses condisciples, il pria qu'on ne vînt point interrompre son travail ; mais il ne tarda pas à y renoncer de lui-même. Les maux de tête lui étaient revenus, le besoin de repos se faisait sentir, on le remit au lit.

A partir de ce moment le mal ne fit qu'empirer. Pendant une des dernières visites du médecin, ce pauvre enfant fit cette question à ses parents : « *Que dit Monsieur Fourrier de ma maladie ?* » On lui répondit par quelques paroles d'encouragement, d'espérance.. ; mais lui, se tournant vers le docteur, fit, de la tête, un signe négatif.

Pour soutenir son courage, il se disait quelquefois : « *Le bon Dieu veut m'éprouver, et si je pleurais, si je me désolais, il ne m'aimerait plus, il m'abandonnerait ; mais....* » un geste achevait sa pensée, qui peut se traduire par ces mots : « Mon Dieu que votre volonté soit faite ! »

Un soir, après un accès de paralysie accompagné de délire, ce cher enfant souffrait beaucoup et laissait échapper des gémissements, des cris de douleur. Il resta près de deux heures dans ce pénible état, puis, après un court sommeil, il revint peu à peu, ses yeux se portèrent sur ses parents, et il leur fit d'affectueuses caresses. Il eut un souvenir pour tous ceux qu'il aimait : pour son petit filleul, pour son frère Paul, pour sa sœur, pour Beauregard.

Il parla avec attendrissement d'une peine toute récente éprouvée par une famille qu'il aimait et vénérait. Ainsi, il s'est montré lui-même jusqu'au bout : oublieux de ses propres douleurs, compatissant pour celles des autres.

Bientôt ses pensées se reportèrent vers Dieu qu'il invoquait en faisant le signe de la croix. On lui présenta un crucifix ; il baisa les plaies sacrées du Sauveur, en répétant ces mots qu'il avait bégayés dès ses premiers ans : *O Jésus ! O bon Jésus !*

Il s'exprimait difficilement, sa langue étant paralysée ; cependant la ferveur qui l'animait alors lui donna la force de prononcer d'une voix haute et très-nette, ces invocations qu'il disait avoir apprises à Beauregard : « Jésus, Marie, Joseph, je vous donne mon cœur, mon esprit et *ma vie.* — Jésus, Marie, Joseph, assistez-moi *dans ma dernière agonie.* — Jésus, Marie, Joseph, faites qu'en paix *j'expire en votre sainte compagnie.* » —

« *Oh ! n'est-ce pas, la bonne petite prière !* » disait-il ; et ses yeux semblaient ajouter : « Comme elle me convient bien en ce moment ! »

Le 2 décembre, le frère Directeur, avec l'un des professeurs de Louis, se rendit de nouveau à Villerupt. Le pauvre enfant les reconnut à peine, et ne put leur parler. Pourtant il eut, pense-t-on, conscience de leur présence ; et, la nuit suivante, dans son délire, il prononçait leur nom, tout en essayant d'articuler quelques mots d'affection.

Le 3, il était tombé dans un complet anéantissement, il faisait entendre un gémissement de plus en plus douloureux ; ses yeux éteints, presque constamment fermés, ne s'animaient plus que par moments de cette expression caressante qu'ils prenaient souvent, surtout depuis sa première communion. M. le Curé vint lui donner encore une bénédiction. Vers trois heures, il eut une convulsion qui dura près d'un quart d'heure, puis la respiration devint pénible, sa figure se contracta, ses yeux se voilèrent complétement.

Le médecin, qui arriva en ce moment, reconnut que c'était de l'agonie : les râlements, l'état du pouls, annonçaient, selon lui, une fin prochaine. Cette agonie dura jusqu'à 8 heures, et alors, sans crise, sans secousse, un changement incroyable s'opéra : le calme était revenu ; l'intelligence s'était réveillée ; la langue, qui avait été paralysée, paraissait se délier ; le bras gauche, également affecté de paralysie, remuait librement ; les yeux s'étaient ouverts. Le pauvre enfant reconnut ses parents, et put prendre un peu d'eau sucrée. Il se rappela qu'une de ses tantes d'Alsace, avait eu l'attention de lui envoyer de belles grappes de raisin ; il en demanda et en suça quelques graines. Le lendemain, on réussissait à lui faire avaler quelques cuillerées de bouillon. Ce mieux apparent n'était, hélas! que comme la dernière lueur que jette une lampe près de s'éteindre.

Cet état, toutefois, se prolongea durant toute la journée du 4; mais le soir, une seconde convulsion acheva de l'affaiblir, l'agonie recommença. On croit que, sauf dans les instants de crise, il a conservé jusqu'à la dernière heure une parfaite lucidité d'esprit. On ne se fait pas l'idée de ce qu'offraient de touchant, les caresses, les témoignages d'affection qu'il donnait aux personnes qui l'environnaient, ou qui venaient le voir.

Le jeudi 5, à une heure, sa tante lui présenta le crucifix à baiser. Il fit encore un mouvement des lèvres. Sa grand'mère s'étant approchée, il parut arrêter sur elle ses regards, avec une grande expression de tendresse ; quelque chose de plus doux se répandit dans ses traits.., on eût dit qu'il éprouvait un grand soulagement...., le râle de l'agonie avait cessé... Tout-à-coup on le vit pâlir..., il s'était endormi du sommeil de la mort!... Son âme si pure était allée s'unir à Dieu, dans le bonheur et dans la gloire, laissant sur cette terre des parents et des amis tout ensemble éplorés et édifiés.

XII.

Le service funèbre fut fixé au samedi 7. Malgré la rigueur de la saison, et en dépit de la difficulté des communications, plusieurs personnes unies à la famille par les liens de l'amitié ou de la parenté, se firent un devoir de lui donner, dans cette douloureuse circonstance, des marques de leurs sympathies.

Le frère Directeur, accompagné de l'un de ses confrères, se rendit aussi à Villerupt, dans le but de mêler ses larmes et ses prières aux prières et aux larmes des parents de Louis. Comment peindre la situation de ces parents, profondément affligés mais non abattus, anéantis dans la douleur, mais aussi abîmés dans l'admiration ? « Il était si bien préparé !... » disait Monsieur Herrgott, avec cette calme émotion que peut seule expliquer une foi vive ; et le vénérable Monsieur Rollin, grand-père de Louis, en rappelant les actes et les paroles de ce cher enfant à l'occasion de sa première Communion, fondait en larmes et s'écriait : « C'est sublime !... Cet enfant était trop parfait... il devait nous être enlevé... la terre n'est pas la demeure des anges ! »

Un grand nombre de personnes vinrent prier dans la chambre où avaient été exposés les restes de Louis. Chacun tenait à voir une dernière fois ce front si pur, emblème et siége de la pudeur, ces lèvres ou semblait errer encore le sourire de l'innocence, cette physionomie enfin, qui avait conservé quelque chose de son angélique expression.

Les funérailles se firent avec la simplicité qui préside à toutes les cérémonies du culte à la campagne. La pompe et l'éclat étaient avantageusement compensés par la piété avec laquelle tous les assistants faisaient monter vers le ciel leurs ardentes prières.

Les cérémonies de ce genre exercent toutes une puissante et salutaire action sur les âmes ; mais on peut dire que celle-ci offrait une particularité exceptionnellement touchante. Qui n'aurait été ému en voyant s'avancer sur deux lignes, un cierge à la main, ces douze enfants que Louis avait habillés à ses frais, et qui portaient en ce jour, pour la première fois, les vêtements qu'ils tenaient de sa libéralité? Nous ne savons si ces enfants comprenaient la beauté du spectacle qu'ils offraient alors, et qui n'eût pas été dépourvu de poésie, même pour des hommes privés des convictions religieuses ; mais ce que nous pouvons dire, c'est qu'à nos yeux, ils étaient, sous leurs dehors simples, et malgré bien des défauts peut-être, l'image des esprits célestes qui avaient recueilli la sainte âme de leur jeune bienfaiteur, et lui avaient fait cortége au moment où elle s'était présentée devant Dieu.

Louis avait aimé les pauvres ; quelquefois il avait été l'instrument de la charité de ses parents pour les soulager; toujours il avait compati à leurs misères ; tous les ouvriers, tous les habitants de la paroisse, connaissaient la bonté de son cœur; aussi quelle affluence de monde à ses obsèques ! On voulait rendre hommage à un mérite si précoce ; on voulait faire l'aumône d'une prière, à celui qui s'était montré animé d'une noble et aimable générosité; disons-le, on venait peut-être se recommander au souvenir de cet ange de la terre, qui avait élu domicile parmi les anges du ciel.

Nous avons dit avec quel intérêt les professeurs et les condisciples de Louis avaient suivi les diverses phases de sa maladie ; la nouvelle de sa mort les jeta dans une véritable consternation. Plusieurs ne purent contenir leur douleur, qui se traduisit par des larmes mêlées d'amertume et de suavité. Toutes les conversations n'eurent bientôt plus qu'un objet: la perte que venait d'éprouver une honorable famille, et que chacun ressentait vivement. On aimait à redire les émouvantes circonstances de sa dernière maladie ; on s'édifiait au récit de ses vertus. Le parfum de son innocence exerça sur plusieurs élèves une douce et bien favorable influence ; on les vit, dans la suite, plus pieux, plus appliqués. Ceux qui avaient eu avec lui des rapports plus intimes, en signe de leur affection, firent célébrer, à son intention, deux messes de *requiem* auxquelles toute la pension assista.

La famille de l'enfant, touchée de ces marques d'une pieuse amitié, eut l'heureuse inspiration de perpétuer son souvenir au Pensionnat, tout en caractérisant, aussi parfaitement que possible, les relations qui avaient existé entre l'élève et les maîtres: elle offrit au F. Directeur un cœur en or portant ces mots sur l'une des faces : « *Souvenir de Marie-Joseph-Louis Herrgott, élève de Beauregard. Affection filiale, reconnaissance, vénération.* » Sur l'autre face, est gravé le monogramme de la sainte

Vierge, autour duquel se déploie une couronne formée
de deux branches de lis. Il rappelle ainsi les plus remarquables qualités de ce jeune chrétien : Amour, gratitude,
innocence, piété envers Marie.

Placé sur l'autel de la Reine des Anges, dans la chapelle où se feront les exercices préparatoires à la première
communion, ce cœur redira aux jeunes Communiants la
ferveur qui animait Louis au moment où il s'unit au Dieu
d'amour, et les vertus qui l'ont constamment distingué.
Puisse ce souvenir leur inspirer le désir de lui ressembler
dans la vie et à la mort !

XIII.

O vous qui avez lu ces pages, dites-moi, n'avez-vous
pas quelquefois senti votre cœur se dilater ?... Votre âme
tout entière, saisie d'une pieuse et sainte émotion, ne
s'est-elle pas trouvée sous le poids d'une impression à la
fois douce et pénible ?

Et maintenant, n'êtes-vous point tentés de demander
à Dieu pourquoi il nous a si prématurément enlevé ce
trésor ? pourquoi il n'a point permis que de tels exemples
fussent offerts plus longtemps en spectacle aux enfants
pour les exciter, aux jeunes gens pour soutenir leur courage, aux vieillards pour leur donner une noble et sainte
joie ?

Ah ! faites taire vos murmures. Écoutez plutôt les
paroles par lesquelles se consolait l'excellente famille de

Louis : « Dieu l'a aimé.... il l'a enlevé de peur que son esprit ne fût corrompu par la malice, et qu'une trompeuse apparence ne séduisît son âme [1] ; » et que les vertus de ce cher enfant, aussi bien que la chrétienne résignation de ses parents, soient pour vous un souvenir moins encore qu'une leçon.

Et toi, cher ange, tu as été, jeune encore, mis en possession de la céleste couronne. Ton pélerinage ici-bas a été de courte durée ; peu de jours t'ont suffi pour arriver dans la Patrie, mais c'étaient des jours pleins. Jouis donc en paix de la douce et éternelle félicité ; savoure les délices dont Dieu inonde ta sainte âme ! Sois tout entier à ton bonheur ! Mais n'oublie pas ceux que tu as laissés dans la vallée de larmes. Oui, du haut de la gloire où tu reposes dans le sein de la Divinité, jette un regard vers nous. Verse le baume sur la plaie qui vient d'être faite au cœur de ce bon père, de cette bonne mère, qui ne peuvent, sans s'attendrir de nouveau, se reporter à tes derniers moments ; de ces grands-parents, dont la seule consolation est l'espoir de te rejoindre un jour ; de cette tante bien-aimée, qui t'a prodigué ses fatigues, ses veilles, sa sollicitude, son amour. Veille sur tes frères, sur ta sœur, comme toi élevés dans l'innocence et la piété. Songe aussi à ce Pensionnat de Beauregard, où tu fus heureux ; au F. Directeur, qui t'avait voué une affection si vive et si vraie ; à ces maîtres, dont tu savais apprécier le dévouement, la charité ; à ces condisciples,

[1] Sagesse, IV, 11.

qui auront un jour bien des dangers à éviter, bien des luttes à soutenir, bien des ennemis à terrasser !

Ainsi se continuera cette communauté de sentiments commencée sur la terre, et qui devra, dans le ciel, se prolonger par delà les siècles.

DERNIÈRE COURONNE.

Un poète chrétien[1] ayant eu connaissance de quelques-uns des traits que l'on vient de lire, composa les vers ci-après, que nous sommes heureux de pouvoir reproduire comme touchante et gracieuse couronne tressée à l'honneur de notre petit ange.

A LA MÉMOIRE

DE

MARIE-JOSEPH-LOUIS HERRGOTT.

Quel vide, cher enfant, nous cause ton absence !...
Digne dans ton maintien, tout paré d'innocence,
La paix au fond du cœur, la bonté dans les yeux,
Tu passais, on t'aimait, et l'on pensait aux cieux...
Hélas ! se disait-on, est-il fait pour la terre ?...
Les anges sont de trop dans ce monde éphémère
Où tout se fane vite, où tant d'esprits méchants
Peuvent chasser le bien d'une âme de dix ans...

[1] M. Claudius Hébrard, auteur d'un excellent recueil de poésies morales et religieuses : *Les Sources vives*.

Mais, en tremblant pour toi, jeune lis sans épine,
Combien auraient voulu te voir prendre racine,
Embaumant ta famille et ce pieux enclos
Où saint Joseph a mis la fleur de ses troupeaux...
Que d'encouragements pour les cœurs de ton âge,
Dans ta douce ferveur, dans l'air de ton visage ;
Dans ces ardents baisers que ta petite main
Envoyait, en passant, à la croix du chemin !
De tes affections, qui nous rendra les charmes ?
Ton sourire était franc, franches étaient tes larmes ;
Tout perd, en te perdant : l'Eglise un vrai chrétien,
La jeunesse un exemple et le pauvre un soutien.

Mais faut-il te pleurer quand ton bonheur commence ?...
Tu vois Dieu, cher enfant, tu goûtes sa présence ;
Et de l'heureux séjour où s'est fixé ton sort,
Tu peux beaucoup pour ceux qu'a désolés la mort.
Hâte-toi d'établir de consolants échanges
Entre toi, tes amis, ta famille et les anges ;
Et dans ces doux rapports de la terre et du ciel,
L'absent manquera moins sous le toit paternel.

Ainsi parle la foi ; Dieu t'en a fait la grâce,
Dès l'âge où la raison marque à peine sa trace,
Montrant que la vertu, qui sert ses hauts desseins,
N'a pas besoin de temps pour enfanter des saints.
Jouis donc, cher élu, de la céleste avance
Que tu prends sur nous tous ; soutiens notre espérance ;
Tu ne peux oublier maintenant dans les cieux
Les noms redits par toi dans tes derniers adieux.

Metz. Typographie et Lithographie de NOUVIAN, rue Neuve-Saint-Louis, 1.